Den Universelle
Moderlige Kraften skal
våkne hos alle verdens
mennesker

Den Universelle Moderlige Kraften skal våkne hos alle verdens mennesker

Dette er en tale av
Sri Mata Amritanandamayi

holdt på
Det Globale Fredsinitiativet
ved kvinnelige ledere innen
religion og spiritualitet

Palais des Nations, Genève, Sveits
7. oktober 2002

Mata Amritanandamayi Center, San Ramon
California, Forente Stater

Den Universelle Moderlige Kraften skal våkne hos alle verdens mennesker

Utgitt av:
   Mata Amritanandamayi Center
   P.O. Box 613
   San Ramon, CA 94583
   Forente Stater

–The Awakening of Universal Motherhood (Norwegian) –

Copyright © 2009 ved Mata Amritanandamayi
Mission Trust, Amritapuri, Kerala, 690546, India

Alle rettigheter tilhører utgiver. Ingen del av denne publikasjon må oppbevares i et lagringssystem, reproduseres, omskrives eller oversettes til noe språk, i noen form uten forutgående tillatelse fra utgiveren.

Første norske utgave av MA Center: april 2016

Den Norske hjemmeside: www.amma.no

I India:
   inform@amritapuri.org
   www.amritapuri.org

Innhold

Forord	9
Takketale	29
Hovedtale	33

Bønn

ॐ

असतो मा सद्गमय
तमसो मा ज्योतिर्गमय
मृत्योर्मा अमृतं गमय
ॐ शान्तिः शान्तिः शान्तिः

Om
asato mā sadgamaya
tamaso mā jyotirgamaya
mṛtyormā amṛtaṁ gamaya
Om śāntiḥ śāntiḥ śāntiḥ

Om
Led oss fra usannhet til sannhet,
fra mørke til lys,
fra død til udødelighet.
Om, fred, fred, fred.

Med et lys for fred

Forord
Den Moderlige Kraften

Ved Swami Amritaswarupananda Puri

Da verdens nasjoner tok hverandre i hendene etter sjokket over blodsytgydelsene og konfliktene påført av første verdenskrig, vokste det fram et fredstempel: Folkeforbundet. Hovedkvarteret var i Genève, Sveits. I en tid da landene konkurrerte om hvem som var mektigst, var forbundet som et lys som viste veien til fred, både for den herskende klasse og for vanlige mennesker – det ble et mål.

Selv om andre verdenskrig gjorde slutt på Folkeforbundet, så møttes verdensnasjonene igjen. Denne gangen førte samlingen til stiftelsen av De Forente Nasjoner, FN.

Fra 6 - 9 oktober 2002 var det en annen samling av nasjoner som møttes i Genève. Det var et møte av kvinnelige ledere innen religion og spiritualitet, fra alle deler av verden og fra alle religioner. Dette møtet var organisert av: "The Global Peace Initiative of Woman Religious and Spiritual Leaders".

Den Universelle Moderlige Kraften skal våkne hos alle verdens mennesker

Denne konferansen var et initiativ av "The Millennium World Peace Summit", som var holdt to år tidligere i FN i New York. Representanter fra 125 nasjoner deltok på møtet i Genève.

Den 6.oktober var det to hovedmøter. Det første ble holdt på Hotell Beau-Rivage, i hjertet av Genève. Kvinnene var samlet uavhengig av religiøse, kulturelle, språkmessige og rasemessige forskjeller. De var forent i en oppriktig felles lengsel etter verdensfred,og ba og mediterte sammen, det første skrittet på veien til fred.

Ved 15 tiden kom Amma til Hotell Beau-Rivage. Ms.Dena Merriam, som hadde kalt sammen til møtet, og Generalsekretæren for The World Peace Summit, Mr Bava Jain, ventet i foajeen for å ta i mot henne. De fulgte Amma til et møte med representanter fra Ruder Finn Gruppen og et Amerikansk selskap som lager dokumentarfilmer, "One Voice International". De begynte umiddelbart å intervjue Amma.

"Hvis det i det hele tatt er mulig å oppnå fred i verden, hvordan skal vi klare det?" Dette spørsmålet ble stilt av Ruder Finn Gruppen.

Amma smilte, "Det er veldig enkelt. Først må det en innvendig forandring til. Deretter

vil verden forandre seg automatisk – og freden vil seire."
Spørsmål: "Hva slags forandring?"
Amma: "Ved å velge en åndelig grunnholdning."

One Voice International spurte så Amma: "Hva kan vi gjøre for å forandre holdningen til menn og til samfunnet som betrakter kvinner som underordnet ?"

"En kvinne bør holde fast ved sine feminine, moderlige egenskaper." Svaret var helt selvfølgelig for Amma.

Spørsmål: "Sier Amma at kvinner ikke bør satse på andre områder i samfunnet?"
Amma: "Nei, Amma sier at kvinner burde forsøke seg på alle områder i samfunnet. Men uansett hva hun gjør, bør hun ha en fast tillit til sin moderlige kraft. Handlinger som er blottet for slik kraft, uansett område, vil ikke hjelpe kvinner til å utvikle seg, men tvert imot gjøre dem svakere."

I denne samtalen kom det fram noe av talen Amma skulle holde neste dag på Palais des Nations. Hun ville da forklare at moderlig kraft er en kvalitet som både kvinner og menn virkelig kan og burde utvikle:

Den Universelle Moderlige Kraften skal våkne hos alle verdens mennesker

Den våknede morskjærligheten retter seg ikke bare mot egne barn, men til alle mennesker, dyr og planter, fjell og elver – en kjærlighet som omfatter hele naturen og alle skapninger. For en kvinne er en slik morsfølelse en guddommelig kjærlighet – og det er Gud.

Intervjuet fortsatte:
Spørsmål: "Hva er Ammas mening om menns holdninger generelt?"
Amma: "De er også mine barn. Men også nå har de vanskeligheter med å la den respekten og oppmerksomheten de viser utad til kone, mor eller søster bli en integrert del av dem. Generelt tror de mer på muskelkraft!"

Dette globale fredsinitiativet ble holdt bare ett år etter den ødeleggende terroristhandlingen 11.september 2001. Det var derfor passende at det neste som skjedde denne første ettermiddagen manet fram de grusomme hendelsene fra den gang. Ms.Debra Olsen fra One Voice International presenterte en kvinnelig brannmann for Amma. Ms Olsen sa: " Dette er Jennifer. Hun har kommet fra New York. Hun var tilstede da The World Trade Center ble angrepet av terrorister, og prøvde å slukke brannen. Hun

Forord

har ennå ikke kommet helt over sjokket fra den katastrofen. Måtte Amma velsigne henne."

Amma tenkte kanskje på tilstanden til de tusener av hjelpeløse og uskyldige menneskene som døde den dagen, for ansiktet og øynene hennes uttrykte sorg.

Da Amma kjærlig klemte Jennifer, og tørket tårene hennes, rant det tårer fra Ammas øyne også. Mange av de som så denne rørende scenen ble beveget til tårer.

Jennifer hadde tatt med seg noe merkelig fra stedet der World Trade Center sto, nå kjent som "Ground Zero". Det var et stykke kompakt masse og en nøkkel som var smeltet i det ødeleggende branninfernoet. Hun viste disse til Amma og sa: "Jeg vet ikke hvorfor jeg tok dem med meg, men jeg trengte å ta smerten med meg. Jeg håper at når jeg reiser hjem igjen med disse vil jeg føle meg annerledes. Jeg har kommet hit med så mye sinne, i håp om å få fred i mitt hjerte. Etter å ha sagt dette leverte hun de fryktelige suvenirene til Amma. Amma tok imot dem med respekt, løftet dem mot ansiktet og kysset dem.

Debra Olsen spurte nå Amma, "Jennifer tror ikke på Gud eller noen religion, men hun har

Den Universelle Moderlige Kraften skal våkne hos alle verdens mennesker

kjærlighet og medfølelse for de som lider. Er det nødvendig for henne å be til en Gud?"

Amma svarte," Gud er kjærlighet og medfølelse for de lidende. Hvis man har et slikt hjerte, er det ikke nødvendig å be til Gud."

Mange andre spørsmål ble stilt. Vakre og enkle var svarene som kom fra Amma.

Da intervjuet med Jennifer var over, kom den berømte skuespillerinnen Linda Evans for å møte Amma. Hun var overlykkelig for å se henne. "Jeg har hørt så mye om deg, men det er først nå jeg har fått mulighet til å møte deg. For en velsignelse !"sa Ms. Evans.

Hun stirret på Amma en stund, så spurte hun, "hva er hensikten med en guddommelig morsfølelse?"

Amma: "Det er en holdning i vårt sinn – en utvidelse."

Ms. Evans: "Hvordan oppnår vi det ?"

Amma: "Det er ikke noe som er annerledes enn oss, det er ikke noe vi oppnår utenfra. Det er en kraft inne i oss. Når du forstår det, vil den moderlige kraften våkne spontant i deg."

Nå ble Amma fulgt til et annet rom. Hun skulle der møte mottakeren av forrige års Gandhi – King pris, den verdensberømte

Forord

primatologisten, Dr Jane Goodall. Det var hun som skulle overrekke prisen til Amma neste morgen. Mellom de to oppstod det umiddelbart en dyp forståelse. Det virket som Dr. Goodall ikke kunne få nok av Ammas klemmer, uansett hvor mange hun fikk. Hun sa: "Du er så god, hinsides alle ord!" Etter en pause, tilføyde hun. "Bortenfor enhver sammenligning også."

Dr. Goodall tilbrakte 20 år sammen med dyr i Afrikas jungel, spesielt studerte hun sjimpanser og prøvde å forstå dem. Hun spurte så Amma:

"Hva er din mening om dyr som er i stand til å forstå mennesker og samhandle med dem?"

Amma: "Dyr kan forstå oss mennesker, og handle i forhold til oss, kanskje bedre enn menneskene selv. Amma har personlig erfart dette."

Amma fortalte så Dr Goodall noen av sine egne erfaringer i løpet av de årene hun tilbrakte i naturen sammen med dyr. Amma fortalte om hunden som kom med matpakker, ørnen som slapp rå fisk i fanget hennes, kua som dukket opp fra fjøset og stod foran henne på en slik måte at Amma kunne drikke fra juret hennes, papegøyen som felte tårer når Amma gråtkvalt sang bhajans og duene som danset foran Amma mens hun sang.

Den Universelle Moderlige Kraften skal våkne hos alle verdens mennesker

Etter samtalen med Dr. Goodall møtte Amma andre i rommet som hun omfavnet. Det var Bava Jain, Dena Merriam, Cambodian princess Ratna Devi Noordam, og fredsprisens initiativtager, Dr. Joan Campbell. Så var tiden inne til å delta på bønne-møte som ble holdt i hotellets ballsal.

Amma ledet bønnen for verdensfred ved å gjenta følgende mantra tre ganger: *"Lokah samastah sukhino bhavantu"*, (måtte alle vesener i alle verdener bli lykkelige)". Alle gjentok mantraet etter Amma. Før lyden av fredsmantraet hadde stilnet av, startet Amma "Ma - Om" meditasjonen. Hun guidet og ledet delegatene gjennom denne praksisen i 10 minutter. Til slutt avsluttet hun med bønnen *Nirvanashtakam* av Sri Shankaracharya. Det var mange delegater fra forskjellige nasjoner som på dette tidspunkt kunne føle velsignelsens fred pulsere i deres indre.

Det andre hovedarrangementet den dagen var samlingen av alle konferansedeltagerne i den engelske parken Garden Lake. Ved Ammas ankomst ble hun introdusert og gikk opp til podiet.

I sitt fredsbudskap sa hun: "Det alle trenger er fred. Men de fleste vil være konger. Ingen vil være tjenere. Hvordan kan det da bli fred? Vil det ikke bare bli krig og konflikter? En ekte tjener er en virkelig konge. Er ikke melken fra den svarte kua og den brune kua like hvit? På samme måte er essensen i hvert menneske den samme. Fred og tilfredshet betyr det samme for alle. De som ønsker dette burde arbeide sammen."

Da Amma og en rekke av de andre deltagerne hadde talt ferdig, sa de i kor:"Vi ønsker ikke krig. Vi ønsker ikke vold. Vi ønsker bare fred!"

Alle deltagerne tente lys og holdt dem høyt for å symbolisere fredslyset som fjerner krigens konflikt og mørke. Mens de holdt lysene høyt, stilte alle deltagerne, talerne og tilhørerne seg opp på plenen slik at de formet og dannet ordet "P-E A-C-E"(FRED).

Det var så mange som ville stå tett inntil Amma at fotografene (på et av de nærmeste hustakene) til slutt bestemte at det skulle føyes til et utropstegn etter ordet "FRED", siden Amma og hennes gruppe naturlig formet et utropstegn.

Neste dag var det den 7. oktober, dagen for initiativets hovedmøte. Da Amma ankom FN`s aula kl 09.00 ble hun ønsket velkommen av Bawa Jain og Dena Merriam. Salen var full av

Den Universelle Moderlige Kraften skal våkne hos alle verdens mennesker

åndelige ledere og læremestre som representerte forskjellige religioner.

En etter en talte de om kvinners frigjøring og de sosiale problemene kvinner står overfor, og om de store begrensningene kvinner påtvinges. Forslag til løsninger og råd ble gitt uttrykk for og analysert. Ingen unødvendig kritikk eller ubevisst egoisme som så ofte kommer fram i slike sammenhenger, kom til uttrykk.

En kvinne og hennes moderlige kraft er ikke to separate deler; at de er ett ble bevist ved renheten i atmosfæren.

Den ydmyke holdningen hos arrangørene og måten programmet ble gjennomført på – presist ned til den minste detalj, var bemerkelsesverdig.

Kl 11.00 ga kvinnelige spirituelle og religiøse ledere fra Fillipinene, Thailand, Israel, China, Afganistan og Rwanda et kort innlegg, men likevel glødende, om: "Kvinner og deres bidrag til verdensfreden". Etterpå sang Ms. Susan Deihim fra Iran en sang om vår globale lengsel etter fred.

Kl 11.20 gikk Dena Merriam opp på podiet. Hun smilte og så på tilhørene og sa: "Nå kommer den viktigste seremonien i dette arrangementet: Presentasjonen av dette årets vinner av Gandhi-King Award for Non-violence. Jeg oppfordrer ærbødigst Sri Mata Amritanandamayi Devi om å komme opp på scenen og ta imot prisen."

Publikum klappet og reiste seg for å gi Amma stående applaus idet hun på sin karakteristiske ydmyke og enkle måte reiste seg fra stolen og gikk opp trappene til scenen. Hun gikk mot alle de prominente personene som ventet på henne, og foldet hendene på den tradisjonelle indiske måten, som er en ærbødig og respektfull hilsen til all guddommelighet.

FN`s høykommissær for menneskerettigheter, Sergio Vieira de Mello hilste på Amma og fulgte henne til scenen. Bawa Jain presenterte ham for Amma. På sin vanlige måte ga Amma ham en klem, og kysset kjærlig hans hånd. Kommisæren svarte ved å kysse begge Ammas hender på samme kjærlige måte.

I de neste minuttene henvendte Bawa Jain seg til forsamlingen og mintes de tidligere mottakere av Gandhi King prisen: Kofi Annan (i 1999), Nelson Mandela (i 2000) og Jane Goodall (i 2001). Han ba så Dr. Goodall om å presentere Amma for forsamlingen og overrekke henne prisen. Dr Goodall talte fra hjertet:

> Jeg føler det som en stor ære å dele plattform med en kvinne som er så bemerkelsesverdig

Den Universelle Moderlige Kraften skal våkne hos alle verdens mennesker

og som er en personifisering av ren godhet. Hun har hatt et bemerkelsesverdig liv. Hun har utfordret tradisjonene helt fra starten. Hun ble født inn i en fattig familie, og hadde mørkere hudfarge enn sine søsken. Hun ble ikke behandlet godt av sin familie, men ble behandlet som en tjener. Hun begynte imidlertid å føle Guds tilstedeværelse inni seg, og så kraftfullt opplevde hun dette nærværet etter hvert, at hun ønsket å dele denne rikdommen med andre som ikke var like heldige som henne.

På nytt utfordret hun tradisjonene da hun begynte å omfavne de som hadde behov for trøst, selv om kvinner ikke skulle berøre fremmede. Med sine fantastiske klemmer, som jeg opplevde i går, har hun trøstet mer enn 21 mill. mennesker. Tenk på det: 21 mill. mennesker! I tillegg til det har hun etablert et enormt nettverk av hjelpeorganisasjoner. Det er alt fra skoler, barnehjem og hus til fattige. Det er for mye å nevne alt her. Og til slutt, også da, gikk hun imot religionen, hun var den første spirituelle leder som innsatte kvinner som prester i tradisjonelle templer. Hun tror ikke at Gud gjør forskjell på kvinne og mann, og jeg tror at hun som

Forord

står her foran oss, er Guds kjærlighet i en menneskekropp.

Da Dr. Goodall kom fram for å overrekke Gandhi-King prisen for 2002 til Amma, satte det kollosalt sterke følelser i sving. Delegatene reiste seg og klappet og ropte av glede.

Da applausen gikk mot slutten, inviterte Bawa Jain Amma til å tale over emnet "Den Moderlige Kraften". (The Power of Motherhood).

Amma valgte først å si noen få ord som takk for ikke-volds prisen hun nettopp hadde mottatt. Hun begynte med å gi sin anerkjennelse til Mahatma Gandhi og Dr. Martin Luther King, og sa at disse to forkjemperne for fred hadde vært i stand til å oppnå store resultater fordi de hadde et rent hjerte og fikk så sterk støtte av befolkningen.

Amma snakket om alle dem som strever for å oppnå verdensfred og tilfredshet for alle mennesker, og at det er de som fortjener denne prisen. Hun sa at hun aksepterer prisen på vegne av dem. Amma ba også en bønn om at de som arbeider for fred i verden må bli velsignet med mer styrke og mot. Amma minte delegatene om:

Mahatma Gandhi og Dr. Martin Luther King drømte om en verden hvor mennesker ble anerkjent og elsket som mennesker uten noen slags fordommer. Når Amma minnes dem, gir hun deg samtidig også en visjon om fremtiden. Det er en visjon om en verden hvor kvinner og menn utvikler seg sammen, en verden hvor alle mennesker respekterer det faktum at,- som de to vingene på en fugl, har kvinner og menn samme verdi. Uten de to i perfekt balanse kan ikke menneskeheten utvikle seg.

Med disse ord, gikk Amma over til sin hovedtale:

> Kvinner og menn er like i Ammas øyne. Det er Ammas ønske å uttrykke sine oppriktige synspunkter nettopp om dette temaet. Synspunktene appellerer ikke nødvendigvis til alle mennesker, men kanskje vil flertallet føle seg berørt. Kvinner må våkne og stå fram! I dag sover de fleste kvinner. Å vekke den sovende kraften i kvinnene er et av de mest påtrengende behov i vår tidsalder.

I de neste tjue minuttene kom det en strøm av grunnleggende sannheter fra Amma. Hun talte om kvinnens indre og ytre natur, dybde, klasse og hvor dypt og vidtgående kvinnens tanke om

Forord

egne begrensninger går, om kultur og holdninger som har holdt kvinner nede; og om den uendelige latente indre kraften i kvinner. Når Amma talte om alle disse spørsmålene med overbevisende klarhet og innsikt, lyttet forsamlingen i stillhet, i refleksjon og med oppmerksomhet. I disse øyeblikkene var Ammas ord som en ren kraft, og tilstedeværelsen av hennes universelle moderlige kraft var til å ta og føle på.

Ved slutten av talen hadde Amma gjort det klart at "Universell Moderlig Kraft" (Universal Motherhood) var en kvalitet alle mennesker burde søke å utvikle – menn så vel som kvinner:

> Essensen av den moderlige kraften er ikke begrenset til kvinner som har født, – det er et prinsipp nedarvet både i kvinner og menn. Det er en holdning i sinnet. Det er kjærlighet – og den kjærligheten er livets pust. Ingen vil si: "Jeg vil bare puste når jeg er sammen med min familie og venner; jeg vil ikke puste når jeg står foran mine fiender. På samme måte blir det for de som har vekket sin moderlige kraft, å gi kjærlighet og trøst til alle blir like naturlig som å puste."

Den Universelle Moderlige Kraften skal våkne hos alle verdens mennesker

Amma føler at tiden framover bør tilegnes gjenoppvåkningen av den helende moderlige kraft. Dette er den eneste måten vi kan oppfylle vår drøm om fred og harmoni for alle mennesker.

Da Amma avsluttet sin tale reiste forsamlingen seg spontant opp og klappet så det ga gjenlyd.

Etter at møtet var avsluttet var det ganske mange som kastet seg over det store under som er Amma, for å se på henne, møte henne og samtidig motta hennes darshan. Imens, i en annen del av salen, var det en vanvittig trengsel for å få en kopi av Ammas tale.

Midt i alt dette kom Bawa Jain og ba Amma være med og bli fotografert sammen med de andre deltagerne. Folk begynte å følge etter Amma som bier etter bidronningen, uansett hvor hun gikk. Mr. Jain hadde store vansker med å komme fram til Amma gjennom den store folkemengden som presset seg rundt henne. Til slutt sa han til de som sto rundt henne,"hei, hun er min mor også. Gi meg også en sjanse!"

Sammen med Dr. Joan Campell, Dr. Goodall, den Kambodjanske prinsesse Ratna Devi Noordam, Bawa Jain og Dena Merriam, forlot Amma forsamlingssalen og gikk ut. På verandaen foran hallen ventet ordstyreren for the Globale Peace Initiative for Woman Religious and Spiritual Leaders, Dr. Saleha Mahmood Abedin, en kvinne fra Pakistan, på å få møte Amma. Så fort Dr. Abedin, islamsk lærer og sosialist, så Amma, gikk hun fram og ønsket henne velkommen. Amma omfavnet henne varmt. Mens hun sto med hodet på Ammas skulder, sa hun stille, "Det er en stor velsignelse at du er med oss her i dag".

Mens de fulgte fotograferingen, ba the "Christian Broadcasting Corporation" om et intervju.

Spørsmål: "Amma tar imot mennesker ved å gi de en klem, kan denne klemmen hjelpe en til å oppnå fred?"

Amma: "Det er ikke kun en klem, men en klem som vekker ens spiritualitet. Vår essens er kjærlighet. Vi lever for å få kjærlighet, gjør vi ikke? Der det er kjærlighet, er det ingen konflikter, bare fred."

Spørsmål: "Amma har tilhengere fra hele verden; tilber alle deg?"

Amma: "Amma tilber *dem*. De er alle sammen min Gud. Amma har ingen Gud som gjemmer seg bak skyene. Min Gud er alle dere, ja, alt som kan sees. Amma elsker alle, og alle ting, og de elsker meg tilbake.

Kjærligheten går begge veier. I den er der ingen dualitet, bare enhet – ren kjærlighet."
Ja, dette er hemmeligheten til denne Store Kvinnen som trekker til seg hele verden – dette er en elv (River of Love) som aldri slutter å strømme – en ubeskrivelig universell moderlig kraft.

Swami Amritaswarupananda
Amritapuri, Kerala.

Globalt Fredsinitiativ ved kvinnelige ledere innen religion og spiritualitet

Palais des Nations, Genève, Sveits
7. oktober 2002

Denne prisen er blitt opprettet til minne om to store personligheter – Mahatma Gandhi og Dr. Martin Luther King. Ammas bønn i denne anledning er at alle de som ber og jobber for fred skal få mer styrke og inspirasjon, og at flere og flere vil arbeide for verdensfreden. Amma mottar denne prisen på vegne av dem. Amma har gitt sitt liv til verden, så hun gjør ikke krav på noe.

– Amma

Takketale

*Holdt ved mottakelsen av Gandhi
Kings ikke-vold pris i 2002.*

Amma bøyer seg for alle dere som i sannhet er en manifestasjon av den høyeste bevissthet og kjærlighet.

Denne prisen er opprettet til minne om to store personligheter – Mahatma Gandhi og Dr. Martin Luther King. Ammas bønn i denne anledning er at alle mennesker som ber og arbeider for fred verden over skal få mer styrke og inspirasjon, og at flere og flere mennesker vil arbeide for verdensfred. Amma tar imot denne prisen på deres vegne. Amma har gitt sitt liv til verden, så hun krever ingenting.

Både Mahatma Gandhi og Dr. Martin Luther King drømte om en verden hvor mennesket ble anerkjent og elsket som menneske uten fordommer av noe slag. Til minne om dem har Amma en framtidsvisjon hun vil gi dere.

Amma har også en drøm. Det er en drøm om en verden hvor kvinner og menn utvikler seg sammen, en verden hvor alle respekterer det faktum at som de to vingene på en fugl,

Den Universelle Moderlige Kraften skal våkne hos alle verdens mennesker

har kvinner og menn samme verdi. Uten de to i perfekt balanse, kan ikke menneskeheten utvikle seg.

Dr. King var modig som en løve, skjønt i sitt hjerte var han myk som en lilje. Han risikerte sitt liv for kjærlighetens sak, for likhet og for andre høyverdige idealer han forsvarte. Han måtte kjempe med stor utholdenhet mot mennesker fra sitt eget land.

Mahatma Gandhi ikke bare talte, men omsatte sine ord i handling. Han dedikerte hele sitt liv til fred og ikke-vold. Selv om han kunne

Forord

ha blitt statsminister eller president i India, avslo han, fordi han ikke hadde noen ønsker i retning av berømmelse og makt. På slaget tolv, ved midnatt, da India ble erklært uavhengig, var Gandhi faktisk i et område hvor han trøstet og hjalp ofre for bråk og opptøyer.

Det er lett å vekke noen som sover. Du bare rister litt i ham eller henne en gang eller to. Men en person som later som hun sover kan du riste ett hundre ganger, og det vil ikke ha noen effekt. De fleste mennesker tilhører den siste kategorien. Det er på høy tid at vi alle våkner opp. Hvis ikke de lavere (dyriske) tendensene i mennesket blir overvunnet, vil ikke framtidsvisjonen for menneskeheten bli til virkelighet, og fred vil forbli en fjern drøm.

La oss gjennom spirituell praksis, ha mot og utholdenhet, så vi kan realisere denne drømmen. For at dette skal skje, må hver av oss oppdage og sette lys på våre indre kvaliteter som tillit, kjærlighet, tålmodighet og gi av oss selv til det beste for alle. Dette er det Amma kaller sann moderlig kraft.

Hovedtale
Den Universelle Moderlige Kraften skal våkne hos alle verdens mennesker
Av Sri Mata Amritanandamayi

Det Globale Fredsinitiativ ved kvinnelige ledere innen religion og spiritualitet.

Palais des Nations, Genève, 7. Oktober 2002.

Amma bøyer seg for alle dere som i sannhet er en manifestasjon av den høyeste bevissthet og kjærlighet.

Kvinner og menn er like i Ammas øyne. Det er Ammas ønske å uttrykke sine ærlige synspunkter nettopp om dette temaet. Synspunktene treffer ikke nødvendigvis alle mennesker, men kanskje vil flertallet føle seg berørt.

I dag sover de fleste kvinner. Kvinner blir nødt til å våkne opp og stå fram! Dette er et av de mest påtrengende behov i vår tidsalder. Og det er ikke bare kvinner i utviklingslandene som bør våkne opp, det gjelder for kvinner i hele verden. Kvinner i land hvor materialismen er

Den Universelle Moderlige Kraften skal våkne hos alle verdens mennesker

fremtredende, bør våkne opp til spiritualitet[1]. Kvinner i land hvor de er tvunget til å holde seg innenfor snevre religiøse rammer, bør våkne opp til en moderne måte å tenke på.

Det har vært alminnelig antatt at utdannelse og materielle fremskritt ville få kvinner og de kulturer de lever i til å våkne opp. Men med tiden har vi innsett at denne antagelsen er for snever. Bare når kvinner tilegner seg spiritualitetens evige visdom, samtidig som de får en moderne utdannelse, vil deres indre kraft våkne – og de vil skride til handling.

Hvem skal vekke kvinnen? Hva er det som motarbeider hennes oppvåkning? I sannhet, ingen ytre kraft kan være til hinder for at kvinnens medfødte moderlighet – egenskaper som kjærlighet, empati og tålmodighet – skal våkne. Det er hun – og bare hun alene – som kan våkne

---

[1] Spiritualiteten Amma referer til her, er ikke å tilbe en Gud som sitter et sted bak skyene. Virkelig spiritualitet er å kjenne seg selv og realisere sin indre kraft. Liv og spiritualitet er ikke to separate ting; de er ett. Ekte spiritualitet lærer oss hvordan vi kan leve i verden. Vitenskapen om materien lærer oss hvordan vi tilpasser os den ytre verden, mens spirituell vitenskap lærer oss hvordan vi tilpasser oss den indre verden.

opp. Kvinnens eget sinn er den eneste barrieren som står i veien for henne.

Regler og overtro som nedvurderer kvinner er fortsatt fremtredende i de fleste land. I vår tid finnes det fortsatt primitive skikker, skikker som i gamle dager ble oppfunnet av menn for at de skulle kunne undertrykke og utnytte kvinner. Disse skikkene er vevd inn i kvinnesinnet. Kvinnen har hypnotisert seg selv, og nå må hun med egen hjelp vikle seg ut av denne veven. Det er slik det må skje.

Elefanten er et godt eksempel på dette. Den har styrke nok i snabelen til å dra trær opp med roten. Men en elefant som lever i fangenskap, har stått bundet til et tre med et sterkt tau eller en lenke siden den var liten. Siden elefanten av natur vil streife rundt, prøver babyelefanten instinktivt å slite seg løs av all makt. Men den er ikke sterk nok. Når den innser at dens anstrengelser er fånyttes, gir den opp og slutter å kjempe. Senere når elefanten er fullvoksen, kan man binde den til et lite tre med en tynn snor. Den kunne selvfølgelig slite seg løs ved å rykke opp treet eller slite av snoren. Men fordi dens sinn er indoktrinert av tidligere erfaringer, gjør den ikke det minste forsøk på å komme seg fri.

Den Universelle Moderlige Kraften skal våkne hos alle verdens mennesker

Slik er det også for kvinnen.

Det er samfunnet som gjør det umulig for kvinnelig styrke å vokse fram. Vi har skapt en mur som gjør at denne store styrken ikke får utfolde seg.

Menn og kvinner er født med samme grenseløse potensial. Hvis kvinner virkelig ønsker det, vil det ikke være så vanskelig å sprenge de lenkene som samfunnet med sine regler og indoktrineringer har pålagt dem. Kvinners største styrke ligger i deres medfødte moderlighet, og i deres skapende, livgivende kraft.

Og det er denne kraft som kan hjelpe kvinner til å skape store samfunnsforandringer, mye større enn menn noensinne kan klare. Foreldede, begrensende begreper, en arv fra fortiden, hindrer kvinner i å sette seg høye spirituelle mål. Det er disse "spøkelsene" som stadig jakter på kvinner, skaper frykt i dem, og tar selvtilliten fra dem. Kvinner burde gi slipp på frykt og usikkerhet, de er ikke annet enn illusjoner. De begrensninger kvinner tror de har, eksisterer ikke. Kvinner er nødt til å mobilisere sin styrke for å overvinne de innbilte begrensningene. De har allerede styrken, den er her allerede!

Når styrken først er vekket til live, vil ingen kunne hindre kvinnene i å gjøre seg gjeldende på alle livets områder.

Menn tror som regel på muskelkraft. På et overfladisk plan ser de kvinner som sine mødre, koner og søstre. Det er ingen grunn til å tilsløre den kjensgjerning at menn på et dypere plan har ganske stor motstand når det virkelig gjelder å forstå, akseptere og anerkjenne kvinner og det kvinnelige aspektet ved tilværelsen.

Amma husker en historie. I en landsby bodde en dypt spirituell kvinne, som var uendelig lykkelig over å tjene andre. De religiøse lederne i landsbyen valgte henne som en av sine prester. Hun var den første kvinne som ble utnevnt til prest i dette området, og de mannlige prestene likte det ikke. Landsbyens innbyggere verdsatte hennes store medfølelse, ydmykhet og visdom. Dette skapte stor misunnelse blant de mannlige prestene.

En dag ble alle prestene invitert til et religiøst møte på en øy, tre timers båttur unna. Da prestene gikk om bord, oppdaget de til sin irritasjon at den kvinnelige presten allerede satt i båten. De mumlet til hverandre: "Hjelp! Hun vil rett og slett ikke la oss være i fred!"

Den Universelle Moderlige Kraften skal våkne hos alle verdens mennesker

Båten la ut fra kaien. En time etter stoppet motoren plutselig og båten stanset. Kapteinen utbrøt: "Å nei, vi kommer ikke videre! Jeg har glemt å fylle bensin på tanken!"

Ingen visste hva de skulle gjøre. Det var ingen andre båter å se. Da reiste den kvinnelige presten seg opp og sa: "Ikke vær bekymret brødre, jeg skal gå og hente mere bensin." Så gikk hun ut av båten, og gikk videre på vannet. De mannlige prestene så forundret ut, men det gikk ikke lang tid før en av dem sa: "Se på henne, hun kan ikke en gang svømme!"

Dette er en alminnelig holdning hos menn. Det ligger i deres natur å nedvurdere og fordømme kvinners prestasjoner. Kvinner er ikke til pynt, og heller ikke er det meningen at de skal styres av menn. Menn behandler kvinner som potteplanter, og gjør det dermed umulig for dem å vokse og utfolde seg fullt ut.

Kvinner ble ikke skapt til menns fornøyelse. De ble ikke skapt som vertinner for te-selskaper. Menn bruker kvinner som de bruker en båndopptaker. De liker å styre dem slik de får lyst til ved å trykke på "start" eller "stopp" på en båndopptaker.

Menn tror de er kvinner overlegne, både fysisk og intellektuelt. Den arrogante og ubegrunnede holdningen hos menn – at kvinner ikke kan overleve i samfunnet uten å ha en mann å støtte seg til – skinner igjennom alt menn gjør.

Hvis man finner en feil hos en kvinne, blir hun, selv om hun er et uskyldig offer, forkastet av samfunnet, og ofte til og med av sin familie. En mann kan være akkurat så umoralsk han har lyst til, men det blir ikke krummet et hår på hans hode. Det stilles ingen spørsmål om hans karakter.

Selv i materielt høyt utviklede land blir kvinner holdt i bakgrunnen, når det dreier seg om å dele politisk makt med menn. Det er interessant at utviklingslandene, sammenlignet med høyt utviklede land, ligger langt foran når det gjelder å skape muligheter for at kvinner kan gjøre seg gjeldende i politikken.

Bortsett fra noen få, som kan telles på en hånd, hvor mange kvinner finner vi på verdenspolitikkens arena?

Skyldes det kvinners manglende udyktighet, eller skyldes det menns arroganse ?

Gode omstendigheter og støtte fra omgivelsene ville helt sikkert ha hjulpet kvinner til å

Den Universelle Moderlige Kraften skal våkne hos alle verdens mennesker

våkne opp og komme i gang. Men det i seg selv er ikke nok. De må også la seg inspirere av de samme omstendighetene og finne sin egen indre styrke. Sann kraft og styrke kommer ikke fra omgivelsene, men innenfra.

Kvinner må finne inn til sitt mot. Mot springer ut fra sinnet, det er ikke en egenskap ved kroppen. Kvinner har kraft til å kjempe mot samfunnslovene som er til hinder for deres framskritt. Dette er Ammas egen erfaring. Selv om mye er forandret, er India stadig et land hvor mennene har overtaket. Selv i dag blir kvinner utnyttet i den religiøse konvensjonens- og tradisjonens navn. Men også i India holder kvinner på å våkne opp og begynne å handle. Helt til nylig var det ikke tillatt for kvinner å tre inn i det aller helligste i et tempel. Kvinner kunne heller ikke foreta innvielser eller utføre vediske ritualer. Kvinner hadde ikke engang lov til å resitere vediske mantraer.

Men Amma tilskynder eller utnevner kvinner til å utføre disse ritualene.

Det er også Amma som utfører alle innvielses – seremoniene i alle templene som er bygget av vår Ashram. Det var mange som protesterte mot at kvinner utførte disse tjenestene, fordi disse seremoniene og ritualene kun har vært utført av menn i mange generasjoner. Amma forklarte alle som stilte spørsmål med hva vi gjorde, at vi ærer en Gud som er hinsides alle forskjeller, en Gud som ikke gjør forskjell på mann og kvinne.

Det har senere vist seg at de fleste har støttet dette revolusjonære steget. Slike forbud mot kvinner har faktisk aldri vært en del av den hinduistiske tradisjon. De ble mest sannsynlig oppfunnet senere av folk som tilhørte høyere samfunnsklasser, i den hensikt å utnytte og undertrykke kvinner. De eksisterte ikke i oldtidens India.

I det gamle India brukte ektemannen følgende sanskrit ord når han tiltalte sin kone: *Pathni* – den som leder ektemannen gjennom livet, og *Dharmapathni* – den som leder sin mann på dharmaens veg, (dharma =rettsinnethet og ansvarlighet) og *Sahadharmacharini* – den som går dharmaens veg sammen med sin ektemann. Disse ord indikerer at kvinner nøt samme status som menn, eller kanskje en enda høyere status. Ekteskapet var hellig, for hvis man lever det med den rette holdningen og den riktige forståelsen, slik at mann og kone støtter hverandre, vil man nå livets høyeste mål: Selv-realisasjon eller Guds – realisasjon.

I India er det Høyeste aldri blitt dyrket utelukkende i mannlig form. Det Høyeste blir dyrket som kvinnelig i dets mange aspekter, for eksempel som Saraswati, visdommens og studienes Gudinne, som Laxmi, fremgangens og velstandens Gudinne, og som Sanatana Laxmi, den Gudinne som gir nytt liv i en kvinne. Også Durga blir dyrket, som Gudinne for styrke og kraft. En gang æret menn kvinner som jordiske uttrykk for nettopp disse egenskapene. Kvinner ble ansett for å være Gudinnens redskap, det synlige uttrykk for hennes egenskaper her på jorden. På et eller annet senere tidspunkt ble denne dype sannhet forvrengt og amputert fra vår kultur, av visse innflytelsesrike menn som med maktbegjær og egoisme ville herske over alle. Og slik gikk det til at menneskene glemte eller ikke lenger ville vite av denne dype forbindelse mellom kvinnen og Den Guddommelige Moder.

Det er en utbredt antagelse at den religionen som gir den laveste status til kvinner er Islam. Men i Koranen tales det om guddommelige kvaliteter som medfølelse og visdom, og om Guds Vesen som kvinnelig.

I Kristendommen blir det Høyeste dyrket utelukkende som Fader, Sønn og Helligånd. En erkjennelse av Guds kvinnelige aspekt er ikke særlig utbredt. Kristus betraktet kvinner og menn som likeverdige.

For at Jesus, Krishna og Buddha kunne bli født var en kvinne nødvendig. For at Gud kunne inkarnere hadde Gud bruk for en kvinne som gjennomgikk alle graviditetens og fødselens smerter og trengsler. Det kunne ikke en mann. Til tross for det er det ingen som tar opp den urettferdighet at kvinner blir hersket over av menn. Ingen sann religion vil se ned på kvinner eller snakke nedsettende om dem.

For dem som har realisert Gud er det ingen forskjell på kvinnelig og mannlig. Det realiserte menneskesyn er ikke dualistisk.

Om det noe sted i verden eksisterer regler som forhindrer kvinner i å nyte den frihet som tilkommer dem, eller blokkerer deres fremskritt i samfunnet, så er det regler skapt av menns selviskhet og ikke av Guds bud.

Hvilket øye er det viktigste, det venstre eller det høyre ? Begge er like viktige.

Den Universelle Moderlige Kraften skal våkne hos alle verdens mennesker

Slik er det også med menns og kvinners status i samfunnet. Begge skal være seg sitt enestående ansvar – eller dharma – bevisst. Menn og kvinner blir nødt til å støtte hverandre. Bare på den måten kan harmonien i verden bevares.

Først når det mannlige og kvinnelige blir krefter som utfyller hverandre og beveger seg framover i samarbeide og gjensidig respekt, vil vi sammen nå det fullkomne.

I virkeligheten er mannen en del av kvinnen. Ethvert barn ligger først i sin mors mage, som en del av kvinnens egen væren. Hva fødselen angår er mannens eneste bidrag å gi sin sæd. For ham er det bare et øyeblikks lyst, for kvinnen ni tøffe måneder. Det er kvinnen som mottar, unnfanger det nye liv og gjør det til en del av seg selv. Hun skaper den mest gunstige atmosfære for at et nytt liv kan vokse i henne, og føder så dette livet fram. Kvinner er først og fremst mødre, skapere av liv. Det ligger en skjult lengsel i alle mennesker etter å bli omfavnet (gjeninnsvøpt) av en mors betingelsesløse kjærlighet. En av de subtile grunner til at en mann føler seg tiltrukket av en kvinne – er at han er født av en kvinne.

Ingen kan trekke i tvil moderskapets realitet – at menn er skapt av kvinner. Og likevel vil de som nekter å komme ut av sine bobler av sneversyn, aldri bli i stand til å forstå det. Man kan ikke forklare lyset til en som bare kjenner mørket.

Moderskapets lov er maktfullt og umåtelig som universet. Med moderskapets kraft i seg kan en kvinne påvirke hele verden.

Er Gud mann eller kvinne? Svaret på det spørsmålet er at Gud er verken mannlig eller kvinnelig,- Gud er "Det". Men om du insisterer på at Gud må ha et kjønn, så er Gud mer kvinne enn mann, fordi det mannlige er foldet inn i det kvinnelige.

Alle og enhver – mann eller kvinne- som er modige nok til å overskride de grenser som sinnet setter, kan oppnå denne tilstand av universelt moderskap. Den kjærlighet som strømmer fra den som har fått vekket sin universelle moderlige kraft, er en medfølelse som omfatter ikke bare ens egne barn, men alle mennesker, dyr og planter, steiner og elver – en kjærlighet som omfatter hele naturen, alle skapninger. Og helt sikkert er det, at for en kvinne hvis sanne moderskap har våknet, er alle vesener hennes egne barn. En slik kjærlighet, en slik morsfølelse, er guddommelig kjærlighet – og det er Gud.

Den Universelle Moderlige Kraften skal våkne hos alle verdens mennesker

Mer enn halvparten av verdens befolkning er kvinner. Det er et stort tap når man nekter kvinner friheten til å gjøre fremskritt, og når man nekter dem den høye status som tilkommer dem i samfunnet. Når man nekter kvinner å ha status går samfunnet glipp av kvinnenes positive medvirkning.

Når man undergraver kvinnenes posisjon, blir deres barn også svake. Slik mister en hel generasjon sin styrke og vitalitet. Bare når kvinner blir æret, som kvinner bør bli, kan vi skape en verden av lys og bevissthet.

Kvinner kan utføre alle oppgaver akkurat like godt som en mann – ja kanskje enda bedre. Kvinner har viljestyrke og kreativ energi nok til å utføre et hvilket som helst arbeide. Amma kan si det ut fra sin egen erfaring. Uansett hvilken handling det enn dreier seg om, kan kvinner nå usedvanlig langt. Dette gjelder spesielt når vi snakker om den spirituelle vei. Kvinner har den intellektuelle kapasitet og sinnets renhet, som kreves for å gå den veien helt fram. Imidlertid skulle de starte sine handlinger, uansett hvilke det enn var, fra et positivt utgangspunkt. Om begynnelsen er god, vil den midterste og den siste fase også bli god, bare man har tålmodighet, tro og kjærlighet. Når kvinner så ofte kommer til kort i livet, skyldes det en dårlig begynnelse, basert på et mangelfullt grunnlag. Man kan ikke bare si at kvinner burde ha samme status i samfunnet som menn. Problemet er at kvinner får en dårlig start i livet, på grunn av dårlig innsikt og mangelfull viten. Så det kvinner kjemper for, er altså å nå helt fram uten å kunne nyte en god start.

Hvis vi vil lære å lese det romerske alfabetet, må vi begynne med ABC, og ikke med ÆØÅ. Og hva er en kvinnes ABC? Hva er den innerste nerve i en kvinnes vesen, i hennes liv? Det er hennes medfødte egenskaper, de essensielle sider av hennes moderskap. Uansett hvilket arbeid en kvinne velger, må hun ikke glemme de dyder som Gud eller Naturen så rundhåndet har overøst henne med. En kvinne bør forbli dypt rotfestet i disse grunnleggende egenskaper under utførelsen av alle sine handlinger. Akkurat som ABC er begynnelsen av alfabetet, er den moderligen kraften den grunnleggende egenskapen hos en kvinne. Hun må ikke gi slipp på denne helt sentrale egenskapen, før hun går videre til høyere nivåer.

Den Universelle Moderlige Kraften skal våkne hos alle verdens mennesker

Kvinner har mange former for styrke som man vanligvis ikke finner hos en mann. En kvinne er i stand til å "dele seg opp" i mange deler, og i motsetning til en mann er kvinner i stand til å gjøre atskillige ting samtidig. Selv om hun må dele seg opp og gjøre mange ting samtidig, så har kvinnen den egenskapen at hun kan utføre alt med stor skjønnhet og fullkommenhet. Også i rollen som mor er kvinnen i stand til å utvikle mange forskjellige fasetter av sitt vesen, – hun skal være varm og blid, sterk og beskyttende, og en streng oppdrager. Dette sammenfall av egenskaper ser vi ikke så ofte hos menn. Så kvinner har faktisk større ansvar enn menn. Det er kvinner som er garantien for ærlighet og samhold i familien.

En manns sinn kan lett identifisere seg med hans tanker og handlinger. En manns energi kan sammenlignes med stillestående vann, det flyter ikke. En manns sinn og intellekt er vanligvis knyttet til det arbeide han utfører. Det er vanskelig for menn mentalt å skifte fokus. Det er årsaken til at mange menn blander sammen arbeidsliv og familieliv, de klarer ikke å holde disse to tingene atskilt. Dette kan til gjengjeld kvinner, denne evnen er de født med. Det er en dypt inngrodd tendens hos en mann å ta sin profesjonelle persona med hjem, og oppføre seg i overensstemmelse med den i sitt forhold til kone og barn. Mens de fleste kvinner er i stand til å holde familieliv og arbeidsliv fra hverandre.

Kvinnelig energi, eller kvinnens energi er flytende som en elv. Det gjør det lett for en kvinne å være mor, kone, og en god venn som inngir sin mann tillit. Hun har den spesielle egenskap at hun kan være veileder og rådgiver for hele familien. Utearbeidende kvinner er svært godt egnet til også å klare den oppgaven.

Den medfødte moderlige kraften i en kvinne hjelper henne til å finne en dyp følelse av fred og harmoni i seg selv. Dette setter henne i stand til å tenke over tingene og handle på samme tid, mens mannen har en tendens til å reflektere mindre og handle mer. En kvinne kan lytte til andre menneskers bekymringer og reagere med medfølelse, og likevel kan hun være like sterk og handlekraftig i situasjonen som noen mann, når hun stilles overfor en utfordring.

I verden i dag blir alt forurenset og gjort unaturlig. I et slikt miljø bør en kvinne være særlig oppmerksom på at hennes moderlighet

– kjernen i hennes kvinnelige vesen – ikke forurenses og forkrøples.

Det er en mann i enhver kvinnes aller innerste, og en kvinne i det aller innerste av enhver mann. Denne sannhet kom som en erkjennelse hos store helgener og mystikere allerede for evigheter siden, under deres meditasjon. Begrepet *Ardhanariswara* (halvt gud og halvt gudinne) i den hinduistisk tro betyr nettopp det. Enten du er mann eller kvinne, vil sann menneskelighet først kunne vekkes i deg når det er likevekt mellom kvinnelige og mannlige egenskaper.

Også menn har lidd mye som følge av at det kvinnelige prinsipp er blitt utvist av verden. På grunn av undertrykkelsen av kvinner og nedtoningen av det kvinnelige aspekt hos menn, er menns liv blitt fragmentert, ofte pinefullt. Også menn skal bli seg sine kvinnelige egenskaper bevisst. De skal utvikle empati og forståelse i sine holdninger ovenfor kvinner, og i sitt samspill med verden.

Statistikken viser at menn, ikke kvinner, begår langt de fleste forbrytelser og mord i denne verden. Det er også en dyp sammenheng mellom den måten menn ødelegger Moder Natur på, og deres holdning til kvinner. Vi må la naturen få samme betydningsfulle plass i våre hjerter som våre egne biologiske mødre har.

Kun kjærlighet, medfølelse og tålmodighet – kvinners fundamentale egenskaper – kan dempe menns fundamentalt aggressive, overaktive tendenser. På samme måte har mange kvinner bruk for menns egenskaper, for at deres gode og blide natur ikke skal lamme dem.

Kvinner er kraften og selve grunnlaget bak vår tilværelse i verden. Når kvinner mister kontakten med sitt sanne selv, opphører likevekten i verden, og nedbrytningen setter inn. Det er derfor helt avgjørende at kvinner over hele verden gjør alt hva de kan for å gjenoppdage sin sanne natur, for bare da kan vi redde denne verden.

Det verden virkelig trenger i dag, er samarbeid mellom menn og kvinner, basert på en dyp enhetsfølelse i familie og samfunn. Kriger og konflikter, all mulig lidelse og mangel på fred i verden i dag, vil helt sikkert avta, hvis menn og kvinner begynner å samarbeide og støtte hverandre. Om ikke harmonien mellom det mannlige og kvinnelige, mellom mann og kvinne blir gjenopprettet, vil freden fortsatt ikke være noe annet enn et fata morgana.

Den Universelle Moderlige Kraften skal våkne hos alle verdens mennesker

Det er to typer språk i verden: intellektets og hjertets. Det tørre, rasjonelle intellekt nyter å diskutere og angripe. Aggresjon er dets natur. Det er rent mannlig, blottet for kjærlighet og sans for sammenheng. Det sier: "Ikke bare har jeg rett og du feil, men jeg vil bevise det, koste hva det koste vil, helt til du gir deg." De mennesker som taler et slikt språk, har som kjennetegn at de vil kontrollere andre og gjøre dem til dukker som danser etter deres pipe. De prøver å tvinge sine meninger på andre; hjertet er lukket. De tar sjelden hensyn til andres følelser. Det eneste de har i hodet er sitt eget jeg, og sin hule forestilling om seier.

Hjertets språk, kjærlighetens språk, som bunner i det kvinnelige prinsipp, er helt annerledes. De som snakker dette språket neglisjerer sitt eget ego. De har ingen interesse av å bevise at de selv har rett eller at alle andre har feil. De har en dyp interesse for sine medmennesker, og ønsker å hjelpe, støtte og oppmuntre andre. I deres nærhet er transformasjon noe som simpelthen skjer. De gir håp og lys til denne verden i en slik grad at man kan merke det. Når slike mennesker snakker, er det ikke for å belære, for å gjøre inntrykk eller for å argumentere,---- det er et ekte møte, hjerte til hjerte.

Sann kjærlighet har ikke noe å gjøre med begjær eller selvopptatthet, det er ikke du som er den viktigste, det er den andre. I kjærlighet er ikke den andre et redskap for å oppfylle dine egoistiske behov, du er selv det guddommeliges redskap for å gjøre godt i denne verden. Kjærlighet ofrer ikke andre, kjærlighet gir gladelig av seg selv. Kjærligheten er uselvisk, men ikke den uselviskhet man påtvinger kvinner, når man skyver dem til side og behandler dem som ting. I sann kjærlighet føler man seg ikke verdiløs, tvert imot, man åpner seg og blir ett med alt, rommer alt, badet i lykksalighet.

Uheldigvis er det i verden i dag intellektets språk som er fremtredende, og ikke hjertets språk. Øyne som ser med egoisme og begjær, ikke med kjærlighet, dominerer verden. Mennesker styrt av fordommer påvirker mennesker med svakere mental motstandskraft, og utnytter dem til sitt eget formål. De vises eldgamle læresetninger snus og vendes, slik at de passer inn i de trange rammer som settes av menneskers selviske begjær. Begrepet kjærlighet er blitt fortrengt. Det er derfor verden er full av konflikter, vold og krig.

Den Universelle Moderlige Kraften skal våkne hos alle verdens mennesker

Kvinner er menneskeslektens skaper. Hun er den første guru, menneskehetens første veileder og rådgiver. Tenk på de mektige krefter, positive eller negative, som et menneske kan slippe løs på verden. Alle og enhver har en vidtrekkende virkning på andre, enten vi er klar over det eller ei. En mors ansvar m.h.t. å influere og inspirere sine barn, bør ikke undervurderes. Det er mye sant i at det er en sterk kvinne bak enhver mann med suksess. Hvor som helst man ser lykkelige, fredelige individer, barn med gode egenskaper og gode tilbøyeligheter, mennesker med en umåtelig styrke overfor motgang og nederlag, mennesker som har stor forståelse, sympati, kjærlighet og medfølelse med de som lider, og som gir av seg selv til andre, ja, så finner man som regel en god mor som har inspirert dem til å bli hva de er.

Mødre er de som er best egnet til å så kjærligheten, det universelle broderskaps og tålmodighetens frø i det menneskelige sinn. Det er et spesielt bånd mellom mor og barn. En mors indre egenskaper blir gitt videre til barnet gjennom selve morsmelken. Moren forstår sitt barns hjerte, øser sin kjærlighet over det, lærer det livets positive lære, og retter barnets feil. Hvis man går gjennom en mark med bløtt grønt gress, noen få ganger, så har man allerede laget en sti. De gode tanker og positive verdier vi fremelsker i våre barn, blir hos dem for alltid. Det er lett å forme et barns karakter i en tidlig alder, og veldig vanskelig når barnet vokser til.

Engang da Amma ga darshan i India, kom en ung mann opp til henne. Han bodde i en del av landet som var preget av terrorisme. På grunn av hyppige drap og plyndringer var menneskene der veldig forpinte. Han fortalte Amma at han var leder av en gruppe unge som utførte mye sosialt arbeide i området. Han ba til Amma : "Amma, jeg ber deg gi de terroristene som er så fulle av hat og vold sann forståelse. For alle dem som har vært vitne til så mange grusomheter, og har lidd så mye, ber jeg om at du må fylle deres hjerter med tilgivelsens ånd. Situasjonen vil ellers bare forverres og det vil ikke bli noen ende på volden."

Amma ble svært glad for å høre hans bønn om fred og tilgivelse. Da Amma spurte ham hva som hadde fått ham til å velge et liv med sosialt arbeide, svarte han: "Min mor inspirerte meg. Min barndom var mørk og skremmende.

Da jeg var seks år, så jeg med egne øyne hvordan min fredselskende far brutalt ble myrdet av terrorister. Mitt liv var knust. Jeg var full av hat, og tenkte bare på å få hevn. Min mor forandret min holdning. Da jeg sa til henne at jeg en dag ville hevne min fars død sa hun: "Sønn, vil din far få livet tilbake om du dreper disse menneskene? Se på din bestemor, hvor trist hun alltid er. Se på meg, som har problemer med å få det hele til å gå rundt uten din far. Og se på deg selv, så lei du er fordi du ikke har din far hos deg. Vil du at flere mødre og barn skal lide som vi gjør? Det vil være like smertefullt for dem. Prøv å tilgi din fars mordere for deres fryktelige handlinger, og spre budskapet om kjærlighet og universelt broderskap i stedet." "Da jeg vokste opp, prøvde folk å verve meg til flere terroristorganisasjoner for å hevne min fars død. Men de tilgivelsens frø som min mor hadde sådd i meg hadde båret frukt og jeg nektet. Jeg ga flere av de unge det samme råd som min mor hadde gitt meg. Det forandret mange menneskers hjerter, og de har senere sluttet seg til meg for å hjelpe andre."

Den kjærlighet og medfølelse, som denne gutten valgte å la strømme ut i verden, i stedet for hat, stammet fra kjærlighetens kilde i hans mor.

Slik påvirker en mor, gjennom den innflytelse hun har på sitt eget barn, hele verdens framtid. En kvinne bringer himmelen ned på jorden uansett hvor hun er, om hennes moderlige kraft er vekket. Bare kvinner kan skape en fredelig og lykkelig verden. Slik går det til at den som vugger barnet, også er den som holder lampen slik at den kan lyse over hele verden.

Menn burde aldri hindre en kvinne i å nå fram til den posisjon i samfunnet som hun har rett til. De må forstå, at kvinners fulle bidrag til verden er av avgjørende betydning. Menn skal tvert imot gå av veien for henne, ja, de skal bane vei for henne, for å gjøre det lettere for henne å komme fram.

En kvinne skal til gjengjeld tenke på hva hun kan gi samfunnet, framfor hva hun kan få selv. Denne holdningen vil helt sikkert hjelpe henne til å gjøre framskritt. Det er verdt å understreke at en kvinne verken har bruk for å få gaver eller for å ta noe fra noen. Det eneste hun skal er å våkne opp. Hun vil så kunne gi alt det hun ønsker til samfunnet, og hun vil oppnå alt hun har behov for.

I stedet for å leve hele livet innenfor kjøkkenets fire vegger, og ruste opp der, skal kvinner komme seg ut og dele med andre det de har å gi, og nå sitt mål i livet. I dag hvor konkurranse og aggresjon er normen overalt, er det kvinners tålmodighet og toleranse som skaper den harmoni

Den Universelle Moderlige Kraften skal våkne hos alle verdens mennesker

som måtte eksistere i verden. Akkurat som et komplett elektrisk kretsløp avhenger av både en positiv og negativ pol, så er tilstedeværelsen og bidraget fra både menn og kvinner en forutsetning for at livet kan strømme av all sin kraft. Bare når kvinner og menn utfyller og støtter hverandre vil deres sjels indre blomst utfolde seg.

Vanligvis lever vår tids kvinner i en verden skapt av og for menn. En slik verden har kvinner ikke bruk for; de skal finne sin egen identitet og på den måten skape et nytt samfunn.

Det er viktig at de husker hva den egentlige meningen med frihet er. Det er ikke et førerkort som man kan bruke til å leve og oppføre seg som det passer en, uansett konsekvensene for andre. Det betyr ikke at kvinner og mødre skal løpe fra de forpliktelser de har overfor sin familie. En kvinnes frihet og oppreisning, skal begynne med henne selv. For at *shakti*, den rene kraft, kan våkne og stige opp i en kvinne, skal hun først bli seg sine svakheter bevisst. Først da kan hun overvinne disse svakheter ved hjelp av sin viljestyrke, med uselvisk arbeide[2], og spirituell praksis.

---

[2] Selfless service: iflg. Hind. Filosofi, det arbeide man utfører uten å forvente belønning til gjengjeld. Man gir det til Gud eller Guruen.

Hovedtale av Sri Mata Amritanandamayi

Kvinner må aldri miste kontakten med sin essensielle natur i kampen for å gjenvinne den posisjon i samfunnet som tilkommer henne. En slik tendens finner vi i mange land, og den vil aldri hjelpe kvinner til en sann frihet. Det er umulig å oppnå sann frihet ved å imitere menn. Om kvinner selv vender ryggen til det kvinnelige prinsipp, så vil det ende med den totale fallitt for både kvinnen og samfunnet. På den måten vil ikke verdens problemer bli løst, men tvert imot forverres. Hvis kvinner forkaster sine kvinnelige egenskaper og prøver å bli som menn, ved bare å fremelske mannlige egenskaper, vil verdens ubalanse bli enda større. Dette har vi ikke bruk for i vår tidsalder. Det vi virkelig har bruk for, er at kvinner bidrar maksimalt i samfunnet ved selv å utfolde sitt indre universelle moderskap, og samtidig utvikle sine maskuline egenskaper.

Så lenge kvinner ikke gjør noen anstrengelser for å våkne opp, er de på en måte selv ansvarlige for den snevre verden de skaper for seg selv.

Jo mer en kvinne identifiserer seg med sin indre moderlige kraft, jo mer vekkes hun til *shakti*, den rene kraft. Når kvinner begynner å utfolde denne kraften i sitt indre, vil verden begynne å lytte mer og mer til deres stemmer.

Den Universelle Moderlige Kraften skal våkne hos alle verdens mennesker

Mange aktverdige enkeltmennesker og organisasjoner som for eksempel FN, støtter kvinners framskritt. Denne konferansen er en mulighet for oss til å bygge på det grunnlag.

Tillat Amma å dele noen få forslag med dere:

1. Religiøse ledere bør gjøre sitt ytterste for å lede sine tilhengere tilbake til det som er kjernen i ekte spiritualitet, og i lyset av det fordømme alle former for undertrykkelse og vold mot kvinner.

2. FN bør gå inn og opprette sikkerhetssoner for kvinner og barn i krigsområder og områder med religiøse stridigheter, der de er særlig utsatte.

3. Alle religioner og nasjoner bør fordømme så skjendige skikker som drap på kvinnelige fostre og nyfødte, og omskjæring av kvinner.

4. Det bør vedtas forbud mot barnearbeide.

5. Medgift-systemet bør avskaffes.

6. FN og ledere av alle nasjoner bør intensivere sine bestrebelser for å stanse handel med barn og seksuell utnyttelse av små jenter. De lovmessige konsekvenser av slik atferd bør ha en effektiv avskrekkende virkning.

7. Det samlende antall voldtekter i verden er rystende. Og den kjensgjerning at det i noen

land er ofrene av voldtektene som blir straffet er ubegripelig. Skal vi bare stå passivt og se på dette?

Det bør være en felles internasjonal oppgave å oppdra unge menn, med det formål å stanse voldtekt og andre former for vold mot kvinner.

8. Kvinners verdighet krenkes av annonser som behandler dem som sex-objekter. Vi bør ikke tolerere en slik utnyttelse.

9. Religiøse ledere bør oppfordre sine tilhengere til å la uselvisk arbeid bli en integrert del av deres liv.

Moderskap eller moderlig kraft er i sitt vesen ikke begrenset til kvinner som har født. Det er et prinsipp som er dypt rotfestet i både menn og kvinner. Det er en holdning i sinnet. Det er kjærlighet - og denne kjærligheten er selve livets åndedrag. Ingen ville finne på å si: "Jeg vil bare puste når jeg er sammen med familie og venner. Jeg vil ikke puste når mine fiender er til stede." Hos mennesker der den moderlige kraften har våknet, er kjærlighet og medfølelse med alle, like selvfølgelig som å puste. Amma føler at den kommende tidsalder bør vies til å gjenoppvekke moderskapets helende kraft. Det er vår eneste sjanse til å virkeliggjøre vår drøm om fred og harmoni for alle mennesker.

Den Universelle Moderlige Kraften skal
våkne hos alle verdens mennesker

Og det er mulig! Det er helt opp til oss selv. La oss huske det og gå framover.

Amma vil gjerne takke alle dem som har bidratt til å organisere dette toppmøte. Amma ærer dypt deres bestrebelser på å skape fred i verden.

Måtte de fredsspirer vi planter her i dag bære frukt for alle mennesker.

Aum Namah Shivaya

www.ingramcontent.com/pod-product-compliance
Lightning Source LLC
Chambersburg PA
CBHW070634050426
42450CB00011B/3188